백장미의 날개의 날개

권정수 시집
백장미의 날개의 날개

펴낸날 | 2025년 12월 15일
지은이 | 권정수
펴낸곳 | 도서출판 청옥
　　　　강원도 동해시 평원로 40
　　　　E-mail. mhprint@hanmail.net
　　　　TEL 033-522-5800

값 10,000원

ISBN: 978-89-92445-95-5 (03810)
ⓒ도서출판 청옥, 2025
*서면 동의 없는 무단 전재 및 복제를 금합니다.
*이 도서의 정보는 뒷표지의 QR코드, 국립중앙도서관 출판도서목록 서지정보유통지원시스템 홈페이지 (https://www.nl.go.kr/seoji/)에서 이용하실 수 있습니다.

강원문화재단
Gangwon Art & Culture Foundation

*이 도서는 강원특별자치도, 강원문화재단 후원으로 발간되었습니다.

권정수 시집

백장미의 날개의 날개

도서출판 청옥

시인의 말

시인을 분류하는 것이 아니라
시를 분류하는 것이 오히려
좋을 것이라 생각한다.

2025. 12.

권 정 수

차례

시인의 말 / 권정수 ················· 4

제1부 순백의 춤

백장미의 날개의 날개 ············ 12
무릉계곡 이끼바위 ············ 13
창문 열린 그 일기장 ············ 15
불타는 눈보라 ············ 17
D컵 ············ 18
전천강 환생달 ············ 19
저녁 바다 묵호 ············ 21
커피를 내리는 나무 ············ 22
회전목마 ············ 23
한 글자 인격체 ············ 24
내 이름이 막걸리다 ············ 25
초록가면 ············ 26
봄의 멜로디 ············ 27

제2부 순환의 바퀴

빨간 헬멧 쓴 두타산 토끼 ………… 30
드립커피 ………… 32
불타는 얼음 남자 ………… 33
묵호등대 ………… 34
내가 꺾은 한 송이 ………… 36
풍선 ………… 37
포도나무의 시간 ………… 38
모내기 ………… 39
겨울 무릉계곡 ………… 40
냉방 중 ………… 41
저녁 ………… 42
고열 ………… 43
소금과 모래 ………… 44
거짓말 ………… 45

제3부 방향전환의 창작

이레요양원 ········· 48

그림 한 점 ········· 49

술, 술 ········· 50

존재 한 그루 ········· 51

백지 편지 ········· 52

감꽃이 피면 ········· 53

이승과 저승의 맛 ········· 54

눈사람 ········· 55

잎새 ········· 56

용산 정미소 (뉘) ········· 57

현기증 클리닉 ········· 58

봄 ········· 60

숲속의 싸롱 ········· 61

제4부 그리하여 돌아온 곳

노스탤지어의 바람 ······················ 64
땅은 조상들로 가득 차 있다 ············· 65
사물의 얼굴 ···························· 66
세상에서 제일 긴 시계 ··················· 67
사물들의 꿈 ···························· 68
동해의 발아래 가까이 앉아 ················ 69
자아 ·································· 71
분신 ·································· 72
바람 ·································· 73
예술의 존재 ···························· 74
저녁기도 ······························· 75
국수와 빗줄기 ·························· 76

해설/남기택 ···························· 77

제1부 순백의 춤

백장미의 날개의 날개

백열등 심지 아래서 안으로
무수히 겹쳐진 너를 손에서
놓을 수가 없다
마른 잎 하나하나가 너의 날개다

너무 늦게 온 탓에 고통의 밤들이
빛나는 별빛으로
너의 피어남을 가로막았다

장미가 가시의 무장에서 벗어날 때
똑같은 생각에 당황한 나비들이
두 겹의 부채처럼 움직인다

너는 알아본다 그 안에 들어 있는
가느다란 나뭇가지를

책에서 눈을 떼지 못하는 나는
너의 틀 안에서
한결같고 심취해 있다

나를 네 안에 집어넣는 것도 너

무릉계곡 이끼바위

바위에 들러붙은 아기집이 점점
자라나 아기집을 가득 채웠지요
아기집들은 이 바위를 어미로
삼고 살았지요
어미 등짝에 업혀서 옹알옹알하면
아기집으로 폭 덮인 어미는 다담
다담 담아냈어요

나는 영토를 조금씩 넓힌 내
아기집을 마구 잡아 뜯다가 비명을
지르며 깨어났지요
백로가 지나야 온다는 비가 구멍이
뚫린 천막 천장에서 한 방울씩
떨어지고 있었는데

천막 바깥에선 순간순간 퉁퉁
불어 터진 하늘이 앞섶을 풀어 젖을
조금씩 흘려주고 있었는데

아직 발등이 연두색인 내가 이불을
차 버린다면 이제 마 악 눈뜬 나와 쏙
빼닮은 아기들이 계곡 어디엔가?

흩어질 것만 같아 이슬에 젖은 이불을?
계속 덮고 있었어요

엄마 집은 또 얼마나 아득한지
허공에 매달린 젖을 쭉쭉 빨아 먹어야
잠이 올 때도 있었어요

아기들의 발바닥이 바위에 꿰매져?
붙박이가 된 까닭도
조금은 불편하지만 흔들림이 없는 바위처럼
엄마 등에 꼭 붙어 살았기 때문이지요

창문 열린 그 일기장

수직으로 세워진 그 일기장은 커튼 쳐진
창문이 양면에 걸쳐 실려 있다
나는 가죽 케이스에 갇힌 일기장
자물쇠를 차분한 손으로 천천히 푼다

투명색 커튼이 잠깐 흔들리고
바깥이 쏟아져 들어온다
창문이 바람처럼 흔들리고
커튼이 창밖으로 걸음을 떼자

일기장 속의 여자가 서둘러
밖으로 나간다
창문 앞에 있는 나는 존재의
안쪽에서 존재의 바깥쪽을 본다
바깥을 서둘러 나갈 수 없는
최상의 장소로부터 지나치게
맞은편에 있는 한 사람

그녀는 창문의 윤곽 안에 들어 있는
모습으로 등장하여 일기장을
통해 세상을 모두 펼쳐 보이는
진솔한 사람이다

일기장을 열어둔 그곳에는 그녀만의
바다가 있고, 일기장을 열고 닫으면
그 바닷가에 다녀온 창문이 있다

자물쇠를 잠근 나만의 편지처럼

그녀는 누군가에게도 그 바닷가에
다녀오도록 창문을 열어둔 걸까

불타는 눈보라

폭설이 뒤덮은 지붕들은
어디로 가버리고
옷 벗은 지붕들만 남았나
흰 모자, 흰 가방, 흰 드레스
어디로 가버리고 닦아 줄 것
싸매 줄 것 쓸어 버릴 것
설거지할 것만 남았나
붕대를 겹겹 풀어놓은 집은
단지 쭈그렁 할머니의 빈
몸뚱어리뿐
어디로 다 가버리고 옷 벗은
종이인형뿐

D컵

손잡이가 달린 그 열매는 천 개의
D컵이 달린 무화과나무다

새들의 경솔함이 과즙이 담긴 컵을
채 가지 않았기에 나비가 날아오고

시간을 거슬러 아담과 이브는

열매의 크기와 껍질의 매끄러움과
단맛을 알았을 적

천사가 날개를 흔들며 멀리 날아가곤
다시는 돌아오지 않았을 적

뱀의 간교한 꾐에 빠져 다시는 가지에
꽃을 피울 수 없는 남자 젖꼭지와

D컵으로 원죄를 덮어쓴 여자가
우는 아이들에게
유축한 손컵을 써먹곤 하였다

전천강* 환생달

나는 오늘 끝까지 간다
중간은 어렵다
전천강 몸뚱어리 끝까지 착륙해 가서
가는 눈썹 숨기고 잠든 환생 달을
우주복 속에 살포시 품어 와야 한다
그러나 새벽이 오기 전에 돌려
보내야 한다
그렇지 않으면 몸이 커진 아침
달만큼 비참한 건 없다
술잔 속에서 은밀한 밀애처럼 떠오르던 것

강변의 조명 아래 훌훌 벗은 뼈가
희디흰 벚꽃처럼 창백한 것
그러나 가로등처럼 강변의 벚나무를
알몸으로 세워 두고
낮에 어디 갔다 밤에 돌아오는 것
내가 술 마시는 꼴을 보기 싫어
내 술잔을 마시면서 주당이 되어 가는 것
손톱 위로 기어오른 달이
강 속에서 나왔다가 우주복을 잃어버린
어떤 여자와 술을 마신다

전천강 몸뚱어리 속에 들어가면
언제나 나를 기다리는 그 여자

* 동해시 전천강

저녁 바다 묵호

붉은 낮이 타 없어지고 날아
오르는 햇살이 마비되면
바다는 아직 배 안에 있다
흰 레이스 장식을 단 바다가
가장자리에 검은 실크 무늬로
감싸고 배를 조용히 당신께
갖다 대면 배의 깃발이
해풍의 끝 꼭대기 마을로 분다
그때 바다는 벌써 잠에 취해
자기의 부드러운 잠옷에 계속
새로운 주름을 잡는다

풍을 매단 깃발이 등댓불 비치는
둔덕을 넘자 배 지나간 자리는
흔적이 없고 슬며시 떠밀려온 부표는
몸을 위탁키는 하였으나 쓸려 가며
밀어붙인 물결 위에 둥둥 누워 있다

눈부신 육지를 등지고
배 밑창이 보이는 고깃배 한 척
해연풍의 긴 여정에 벌써 코가 골아지나

커피를 내리는 나무

저 커피나무처럼
한 그루 물구나무 되고 싶다

물동이를 이고 가파른 하늘을 신은
저 불쌍한 물구나무 한 그루

온몸으로 끌어올린 뜨거운 피
삼키지 못하면 스러질 가지에

쏟아 부으며 커피를 내리는 저 여자
가득 품고 있는 저 물구나무

땅속에서 자양분을 길어 올려
열매를 맺게 하고 다시
방향을 틀어 땅으로 방향 전환을
이루어내는 저 드립커피 마시고 싶다

회전목마

기둥 둘레의 원판 위에 하늘을
떠받친 우산 하나와 함께
오르내리며 목마가 돌아간다

바깥쪽 세상은 동일한 풍경이
반복되고 시간이 되풀이되는
느낌이 들면서 비현실적이기도 하다

온갖 모양의 말안장이 놓여 있고
그 위에 말타기 놀이하기에
적합한 아이들이 지나간다

말들의 얼굴이 저마다 기백이
서려 보이면 조그만 손들이
열이 나도록 손잡이를 꼭 잡는다

간간이 말타기 놀이하기에
너무 커버린 커플들이 이
숨 가쁜 놀이에 흠뻑 빠져 있다

향수가 느껴지듯, 천천히
자신의 무게로 무거워진 모습으로
지금도 다가오며

한 글자 인격체

그는 어딘가 살면서 수많은 사람들과
친밀하게 지내고 있지요
그러나 눈먼 사람, 그는 십 원짜리
동전에게조차 버림받은 장소
장롱 밑의 먼지와도 같지요
말 없는 그는, 깨어 있거나 자면서
모든 상점마다 몸을 펴고
편한 자세로 있지요
사람들은 그를 너무 귀하게 여겨
집 안에 가두어 놓으면
기회만 있으면 나가려고 하고
다른 사람들에게 주인이 구두쇠고
융통성이 없으니
이 집에 오지 말라고 하지요
하지만 그 존재 자체가 인격체이기
때문에 가치 있고 좋은 곳에 쓰이면
다른 품성의 인격체를 데리고
오기도 하지요
사람들은 그가 찾아오면 눈먼 그를
음미하며 돈이라는 한 글자에
깊은 의미를 부여하지요

내 이름이 막걸리다

사랑이 막, 걸리다
벽에 걸리다
전광판에 걸리다
메뉴판에 걸리다
선술집 과부 앞치마에 걸리다
홀아비 검정 비닐봉지에 걸리다
내가 인생이 되어 걸리다
시인의 밥이 되어 걸리다
내가 조선 팔도에 막, 걸리다 보니
내 이름이 막걸리다

막걸리를 먹고 사랑이 부릉부릉 시동이 걸리다

* 2023년, '송정막걸리축제' 축시

초록가면

우리는 변장했네
어두운 방 안에서 뻣뻣한
외투를 입고 있었네
그러나 겨울이 끝날 무렵
축제 덕분에 한순간
변장 놀이를 할 수 있었네
왜냐하면 곧 새로운 봄이
가면을 벗길 테니까

그녀는 이제 봄이 꺼내는
묻어두었던 고귀한 작품
안에서 다시 공연을 할 것이네

그녀는 나이를 먹어서도
자신이 제작한 초록 가면을
단 한 번도 벗은 적이 없네

봄의 멜로디

가파른 가지 끝에 서서
악기를 연주하는 저 여자
가득 품고 노래하는 저 나무

악기 안에서 일어나는
수액의 멜로디가
너무나 짧은
노래를 동반하네

저 여자 집 안으로
들어가 아이들을 찾아내어
악기를 연주해 주네

제2부 순환의 바퀴

빨간 헬멧 쓴 두타산 토끼

나는 눈 쌓인 이 얼음 골짜기
그만 눈 속에 묻혀 버렸나 봐

어디에 있는 거야
가도 가도 희디흰 천지 이
눈밭을 한 바퀴 돌고 나면
바퀴 달고 달려온 내 평생의 족적

어디에 있는 거야
눈 속에 묻힌 배추 이파리 찾다가
똥만 누고 토낀 거야
온통 희기만 한 눈밭에 박힌 토끼 똥이
까만 눈을 말똥말똥 굴리고 있는데

토끼 앞바퀴 같은 것을 굳이
발 없는 눈사람에게 달아서
굴러가게 할 필요는 없는데

산악자전거가 토끼 앞다리를
따라 해서 장애물을 넘는 거야
빨간 헬멧 쓰고 고속 페달 밟으며
지금 어느 산을 넘는 거야

무릉계곡 아래 어디선가 산수유
물오르는 소리 들려오는 것만 같은데

드립커피

손잡이가 달린 두 개의 물받이

둥근 외벽 아래 테두리가 다른
하나가 기꺼이 다리가 되어

위쪽의 물이 아래쪽에서
기다리고 있는 물받이로 흐르면

아랫물은 소곤대는 윗물에게
침묵으로 답하고

슬그머니 오므린 손바닥을 내민다

불타는 얼음 남자

한여름 굳센 얼음이 녹는 기분이
어떨까 생각해 본 적 있는가

깊은 밤에 깨어나 알몸으로 우는 남자
기분이 어떨까 생각해 본 적 있는가

얼음 여자가 말하노라

그 시간은 여름밤 옷을 벗는 시간과도 같다
한겨울 한 겹 한 겹 두껍게 껴입은 옷을

얼음 여자가 말하노라
알몸 껴안고 눈물지어 본 사람들은 다 안다

묵호등대

잠든 그를 만져 보면
그는 갈비뼈가 소용돌이치듯 가파르고
우리는 그에게 매달려 산다
발아래는 거센 바다의 소용돌이
바닥 어디에 발을 놓아야 할지
이미 우리는 검은 바다에 갇힌 지 오래다
잠든 눈꺼풀 속에서도 그의 눈동자는
쉼 없이 움직이고 눈꺼풀이 번쩍 열리면
한 줄기 빛을 검은 바다에 던져 주기도 한다
그는 늘 바다를 동경한다
그렇다고 바다를 찾아가지는 않는다
우리가 사랑해야 할 것이 있다면 있어야 할
곳과 해야 할 일이 있기 때문이다
그래서 우리는 쉬지 않고 가파른 갈비뼈
벼랑을 오르고 또 오른다
소금기 절은 두 손으로 그의 영혼을
깨우려고도 한다
그러나 우리는 그의 희디흰
잠으로 지은 뼈밖에

간신히 몸을 갑옷처럼 지켜 준 오작 골에
붙은 살덩어리처럼 매달려 있을 뿐

그 속의 뼈를 깨울 순 없다

수평선은 여전히 우리보다 먼저 밝아오고
우리는 또 간신히 그에게 매달린 자세
그대로 하루의 차비를 한다

내가 꺾은 한 송이

내가 꺾은 한 송이가
내가 찍은 사진 한 장이다
하지만 내가 나를 더 이상
보지 않아 나는 홀로 머문다
내가 찍은 사진 한 장이
베일을 쓴 여인처럼 나를
비웃는다 해도 소멸하는 모든
것들 속에서가 아니라
내가 써 내려간 글 속에서
나는 더 외로워진다

바람은 덧옷과 같고 저녁 어스름은
새치가 핀 내 머릿결과 같다
내 인생은 형상의 정적이고 나는
몸짓의 처음이자 마지막이다

나는 더 이상 늙지 않을 정도로 나이가 들었다

풍선

사물이라고 하기에는
턱없이 부족하고 현실에서
은유의 탯줄로 묶여 붕 떠 있다
내면은 태아를 뜨게 하는 양수처럼
상승할 때 천사가 나타나 데리고
올라가 하강할 때 데리고 내려온다
이것은 사물들 속에 머무를 수 없어
그 속에 숨어들어 기대와 소망을 안겨 준다

이것이 빵 터지는 소리는 소음이 아니고
아이의 방귀 소리다

포도나무의 시간

포도나무는 걸어간다
포도나무는 자기의 목발들을
던지고 씩씩하게 걸어간다
지주를 찾지 못하는 수많은
손들을 만들어 내면서

포도나무의 시간은 무한 회귀의
시간이다

비틀린 가지 안에서
그토록 고집을 피우던 질서는
그 가지들의 힘에 매료되어
허공의 공허 속으로 흘러넘친다

포도나무는 하늘을 향해
열려 있지만 땅에 붙잡혀 있다

모내기

물 위에 실뿌리를 얹어 놓으니
실바람에 넘어질 모양새다
논이 뀐 방귀가 부글부글 끓어 대니
순식간에 못 전체가 메워진다
모를 다 심고 나니 논은 마취에서
깨어난 듯 뻐근하다

겨울 무릉계곡

얼어붙은 계곡은
아무것도 움직이지 않는다
시간도 미망도 잃어버렸다
제 몸을 던지며 가던
방향성만 서려 있을 뿐
간다는 것의 노래도
품지 않는다
헛되이, 헛되이 떨어진
긴긴 수고 대신
바람 소리만 쌩쌩 날아오른다
네 노래를 부르는 일이 그러했다

냉방 중

빗방울이 떨어진다
비닐봉지라도 뒤집어쓰고 싶다
찬바람 속의 찬바람이
가슴속까지 들어온다
어딘가 풀무가 숨어 있는 것 같다
온몸이 찬바람에 그을려 성에가 낀다
그동안 얼마나 바람에 그을린 걸까
얼음 의자에 걸린 손목도
점점 얼어붙는다
잠들면 죽는다 내 안의 누군가 나를
흔들어 보지만 몸속 방 안이
더 뜨거워지려고 한다
여름밤 내내 나는 나에게서 불을
쬐고 있다

저녁

고단한 벽들의 오후가
마지막 창문의 눈길을
서로에게 보내고
사물들이 더 이상 구별되지
않을 때까지
숨죽여 속삭인다
사물들은 조심스런 목소리로
서로에게 묻는다
잿빛 비단으로
우리 모두 갈아입었어

그때 당신은 안다
아무것도 사라지지 않았음을
어떤 몸짓도 어떤 노래도

당신! 듣고 있나요
누가 알리
누가 누구와 말하는지

고열

또 한 번의 부재의 팔이
나를 잡았다
거기에서 벗어나는 고통은
치명적이었다
나는 삶으로 들어가려고
투쟁했지만
그 팔은 너무 길고 섬뜩했다
그러나 나는 멈추지 않았다
어제 보았던 해 저문 풍경이
다시 나타났다
만원 버스 속의 사람들이
벌판의 묘지로 다시 돌아갔을 때
나는 살아야 할 존재에게
나를 풀어 놓았다
저편이 이편을 일으켜 세웠다
한 번의 숨결이 나를 문턱 너머로
끌어내 주었다
어두운 밤에서 환한 빛으로

소금과 모래

소금은 모래처럼
모래는 소금처럼
뭉쳐지지 않는다
알몸 한 알과 한 알이
살을 비비며 엉킨 몸을 푼다
몸의 털들이 흩어지면서
존재한다
유한한 것의 무한한 분열
내가 아니면 좋아
내가 억만 개인 게 좋아
소금이다가 모래이다가 소금
떠돌다가 침묵하다가
절규하다가 모래

거짓말

당신의 말은 겨우 말이거나
절반쯤 말인가요
당신의 무감각한 혀는
불확실한 말에 반해 있어요
당신은 새인가요
바람인가요
당신은 당신의 이미지를
좀 더 숨기려고
이리저리 옮겨 다니는
정원인가요

그럼에도 불구하고
절반쯤 들키기 위해서
그 정원에서 소리를 지르고 있어요

제3부 방향전환의 창작

이레요양원

하늘에 산이 뜨고 길이 뜨는
높은 곳의 요양원은
아직도 담장을 붕대로 겹겹이
감싸고 있다
상처가 아물고 있는 듯,
그곳에 살고 있는 사람들은
쉬면서 밖의 삶은 관심도 없고
알려고 하지도 않는다
그들의 마음속을 나누던 벽이
허물어졌기 때문이다
그들을 이해할 수 있는 시간들은
찾아왔다가 다시 가버린다
그들의 손은 구체적인 것 속에
놓여 있고 그들의 눈동자들은
그것을 응시하고 있다
어떤 이는 가습기로 면사포를 쓰고
레이스에 파묻혀 있고
어떤 이는 거울 앞에서 본인을
보고도 낯선 사람이라고 믿는다
자신조차도 자신에게 의미가 없는
내가 아닌 다른 사람이 되는
뇌가 주는 최후의 선물을 받고 기뻐하며
자신을 잊기 위해 시작하는 곳이다

그림 한 점

그림 속 사람은 죽었는데
뭉크는 박물관에 없고
미술관에 있다
사람들은 그 배경 앞에서
연기하는 것을 취미로
생각했고 그 공간 안에서
누군가 다른 사람을 화가를
그대의 예술에 바쳤다
예술은 그가 죽었을 때를 이미
설정해 놓았다
예술은 죽었으나 죽지 않았다
그림에게서 주인공이 된
사람처럼, 그림도 그 안에서
그들의 인생을 누린다
그들의 삶은 오르막도 있고
내리막도 있다
납작하게 뻗어 바싹 마른 액자 속
공간은 현실이 되고
그 인생이 그림의 일부가 된다

술, 술

잔을 채우는 동안 술은 기울어진다
세상사는 일이 채우고 비우기
아니겠냐고 조금 기울어 보자는
쪽으로 쏠리는 술
기울어짐이 멈추는 순간부터
술은 수평으로 출렁인다

기울어짐을 삼키면서

절반이 물이고 절반이 불인 술
차갑게 먹고 뜨끈해지는 정
정이 끓어 넘치면
술은 물에 가둔 불이 된다
가끔은 불에 담은 물이 되기도 하면서

술, 다시 기울어진다

어둠이 그걸 받아 마신다
순간 기울어짐 위에 깃드는
그 달빛, 그 꽃잎, 그 평정, 그 타오름
온몸으로 절정을 만드는 것들의
순간이 기울어짐을 만든다

존재 한 그루

습지 한 가장자리에 활동하는
존재 한 그루 있네
그 어깨에는 이리저리 움직이는
힘이 걸려 있고
땅을 파는지 두 팔은 낯선
곳으로 뻗어 있네
몸에는 잎이 나지 않고 뿌리는
흰 수염으로 넓게 뻗어 있고
머리의 평화는
나뭇잎을 흔들 것 같지 않네

자연이 그 과실에 이의를
제기할 때까지
저 스스로의 무거운 짐을
지고 있네

백지 편지

밤새 당신이 써 내려간 편지가
아침 일찍 왔어요
12월 5일 저녁 부침하고
털신 신고 사박사박 밟고 왔어요

창밖은 온몸을 솜털로 덮은 아기
나무들이 한켠으로 물러서서
바람 속에 잔가지를 털고 있어요
몸속의 아기 물들이 시냇물로
굴러가는 바퀴가 돼요

잔가지들은 누군가 지금 막 쓰다가
찢어버린 편지처럼 보여요

당신은 말하고 나는 대답해요
편지를 읽는 시간 내내

저기 좀 보세요 누가 왔어요
큰 가방을 어깨에 둘러메었어요
우리의 젖은 글씨를 햇살
나무에 매달고 있어요

감꽃이 피면

저녁 하늘에 별이 일만 오천 개
하고도 마흔다섯 개
난 세상에서 제일 똘똘한
별 마흔다섯 개를 줄을 세워
쓰다듬는다
난 별 별 별 별 별 별 별짓을 한다

밤하늘 별이 녹을 때까지
단감이 홍시가 될 때까지

이승과 저승의 맛

과수원은
태양의 거인과 싸운다
해가 질 때까지

그러나 승리는 알려지지 않은
상태로 남아, 열매로 이루어진
초록 손들로 베풀어, 접시로 자리 이동

마침내 받아들이는 입속에서 듣기

완성된 음색은 입안에서
이승과 저승을 말해 준다

미각은 사라졌다

과일이 우리 입속에서 맛과
향취를 말로 옮기는 것은 힘들다

눈사람

먼 산의 눈이 흠뻑 젖어
무거워지고 있습니다
하늘에서 떨어진 눈물로
만든 사람이 창문 밖에
서 있습니다
사생활이 없는 집 사람이
집을 지키고 있습니다
생의 무게처럼 두꺼워 짊어질
수 없는 그런 사람입니다
발 없는 그는 시냇물로 달려가는
바퀴이고 강으로, 바다로
돌아다니는 바퀴입니다

맑은 날이면 하늘로 굴러가는
바퀴이며 지워져야 마땅한
사라지면 그만인, 그런 사람입니다

잎새

잎새가 떨어진다
내 발자국이 잎새를
땅에 뒤섞어 넣는다
그것이 짓눌려 죽는다
그러나 잎새들이 내 어깨 위에
떨어지면 그것은 새의 날개
위에 떨어지는 것이다
잎새는 한 마리 새다
떨어지는 것처럼 보이는 그 새는
섬세한 여자의 움직임이다
그것은 나와 이어져 있고
나와 동등한 존재이며
내가 기르는 지상의 나무 중 하나다

결국 땅속에 묻히는 새처럼
생기 잃은 잎새들이 땅
속으로 돌아갈 동안

어떤 생의 바람이 지나가면서
존재 위에 가면 하나를 씌워 놓는다
왜냐하면 곧 봄이 가면을 벗겨 낼 테니

용산 정미소 (뉘)

쌀 한 바가지 속에서도 자신의
모습을 드러내지 않으려고
끝까지 버티는 끈질긴 생명력을 본다

어느 피지 못한 삶을 본다
어느 이루지 못한 노동을 본다
뉘 하나, 뉘 둘, 뉘 셋...

뉘 한 톨 흘리지 않는 어머니를 본다

뉘 한 톨이라도 아까워 일일이
까던 그 어머니를

현기증 클리닉

낭떠러지
비탈길
언덕
자갈길
경사
바닥 순이었다

삐딱한 여자는 반듯하게
사는 방법을 연습해야 한다

골반이 틀어진 여자는 사내를
조심해야 한다

외발로 걷기
시선을 고정한 채 머리 돌리기
매트 위에서 일자로 걷기

무게가 많이 나가는 여자는
비우기를 연습해야 한다

원판 위에서 시선 집중하기
짐볼 위에서 엉덩이 돌리기

바닥에서 외발로 서 있기

어지럼증이 있는 여자는 자존심이
바닥인 사내를 만나야 한다

그러나 낭떠러지에 서 있는
여자는 아득하게 어려운 일이다

봄

새색시 얼굴에
꽃분이 묻었네
보고 또 보아도
어여쁨이 묻었네
연지곤지 찍고 방긋 웃네

숲속의 싸롱

그 누구도 생각하지 못한
싸롱이 있다
소음 속에서 살아야만 했던
나는 이 싸롱의 고독을
느끼면서 살고 있다

서로 밀치고
전화선으로
신속하게 연결되고
미친 듯
질주하고
부글부글 끓어올라 넘치는
도구들의 시대를 살면서

단순한 일을 하는 손
다시 잡초를 뽑고 씨를 뿌려
결실을 거둬들이는 손

이 모든 것에 내 가슴은
함께하지 않는다

왜냐하면 나는 글쓰기를 원하고

사람들이 나를 방해할 때
나를 반항하고 싶기 때문이다

제4부 그리하여 돌아온 곳

노스탤지어의 바람

스쳐 지나간 시간들, 충분히
사랑받지 못했던 장소들에게
나는 먼 곳으로부터 잃어버린
몸짓을 남기고 있다
왔던 곳으로 되돌아가 보고
긴 여행을 이번에는 홀로
천천히 다시 해 보고
영화 속 장소들을 찾아가
더욱더 머물러 보고
사람들이 심드렁하게 말하는
산중 절집에도, 외로운 성당에도
앉아 보고, 이 나무를 만져 보고
저 벤치를 쓰다듬어 보고
그 간이역도 언덕 위 교회당도
미술관에도, 사람들이 꺼리는
외딴집에도

입을 다문 그것들과 함께
침묵하고 미묘하고 경건한
접촉을 하고 싶다
왜냐하면 스치고 지나간
모든 것들 아래에서는 눈에 보이지
않는 집요함이 태어나기 때문이다

땅은 조상들로 가득 차 있다

땅은 언제나 열려 있다
우리를 담으려고 열려 있다
모든 조상들의 죽음은
땅의 몸을 통과해 지나갔다
얼마나 많은 우리가 우리의
몸에서 오롯이 빠져나갔는지
우리의 생명이 우리를 빠져
나간다 해도 땅은 우리의
조상들로 가득 차 있다
우리가 딛고 선 땅이 조상의 뼈
이며, 그 땅에서 온순한 초록이
빠져나와 초록은 오랫동안 노력을
기울여 우리와 죽은 자들 사이에서
수확한 과일을 가져다 놓는다

사물의 얼굴

사물에는 두 얼굴이
존재한다
생존과 존재하지 않는 것

산다는 의미는
보지 못하는 사물에게
얼굴이 되는 것

한 번은 기쁨에 겨워하고
한 번은 울어서
부어오른 그런 얼굴

세상에서 제일 긴 시계

시계가 내게 와서
기차를 데려가라고 했다
잘 모른다 해도 데려가라고 했다
그럴 수 없다고 해도 데려가라고 했다
빨라서 잡을 수 없다 해도 데려가라고 했다
길어서 집에 들일 수 없다 해도 데려가라고 했다
이미 기차에 줄을 메 놨으니 데려가라고 했다

기차는 제일 긴 그림자를 뒤에 남겼다

사물들의 꿈

하루가 더 이상 사물들을
좁게 하루의 일에 매어 두지
않는 시간이다
밤이 가까이 오고 있다
부드럽고 따뜻하게 불빛 앞으로
그때 모든 사물들은
시인을 생각한다
시인들의 즐거움에 의하여
사물들은 언제나 생동한다
그리고 그것들은 하룻밤 동안
주인공이 되어 보는
그리움을 꿈꿔 본다
시인이 계속하여 되돌아올 것인가를

동해의 발아래 가까이 앉아

저녁 일곱 시경
동해에서 지금 팔만 구천 개의
숟가락이 밥을 뜨고 있겠구나
싯허연 앞니로 걷어 먹겠구나
살의에 떠는 날카로운 이빨을
잠재우고 있겠구나
밥이 날카로운 이빨이라면
국은 부드러운 입술이다

떠들썩한 동해역 앞
저 늙은 소나무엔 팔만하고도
구천 쌍의 젓가락이 달린
눈썹들이 나란히 매달려 있다
젓가락들은 나뭇가지에도 있고
1년 동안이나 돌아오지 않는
11월에도, 마른 눈썹 가득한
빗살무늬 토기에도 있다

하늘이 어둠의 발을 동해의 동서남북에
내다 걸면 팔만하고도 구천 개의 달은
우리의 가슴속을 넘나들며 마음 갈피갈피
두루두루 적셔 준다

저녁이면 열차는 두타산을 어른다
열차는 한껏 몸을 앞으로 빼고
오! 아름다운 그대 허리
그가 손으로 산허리를 움켜
산의 허벅지를 쓸어내릴 때마다
빠알갛게 달아오르고, 허벅지
힘 빠지는 소리가 종착역까지 들린다

실바람이 열차를 사알짝 스치고 지나간다
열 받은 열차에게 좋은 거라고

자아

나는 나를 지나치게 열어 놓았다
밖에는 사물들만 있는 것이 아니라
자기 안에서 살고 있는 짐승들도
있다는 것을 나는 잊고 있었다
상기하는 것은 충분하지 않다
그 순간들부터 순수한 현존이 나의
바탕 위에 있음이 틀림없다
나는 너를 고안해내지 않는다
그곳에서 너는 떠나갔다
네가 거기에 없다 해도 너의 온기가
느껴오며 부재보다도 더 현실적이며
그 이상이다
그리움은 자주 불확실한 것으로 향한다

분신

거울 앞에서 분신이 뒤섞인다

병실에서 과거를 되새기고 있는
병자가 숨을 거두면서 자기의
이미지를 끄집어내는 동안

과거들은 복도를 돌아 응급실을
거쳐 중환자실을 지나 멀리 사라지고 있다

머리맡에 조그맣게 우는 웅덩이 하나 두지 않고
이미지 속의 사람과 죽어가고 있는 사람

두 사람 모두 사라지는데 동의하고 있을까

자기 이미지가 제공한 것을 거두어들이는
사람은 아무도 없다

바람

바람은 늘 우리를
갈라놓겠다고
두 손 맞잡은 가운데로
지나가고 있었으니
너무 가벼운 노래
우리를 반쯤 어디론가
데려가 버렸는가
온전히 만나지 못했던
그 안타까움의 절정에서
사라져 버렸으니
인제 그만 그 노래를 멈추어 다오

예술의 존재

어느 가을날의 내용은 무엇인가요
봄날의 내용은 무엇인가요
이별의 내용은 무엇인가요
그것들은 내용이 아니었어요
당신은 삶의 내용을 볼 수 있나요
내용은 어디에도 없답니다
나는 내용을 설명할 수 없어요
내용이 없기 때문이지요
예술은 모든 내용을 넘어서서 위대합니다
예술이 그것을 움켜쥐고 그것을 변화시키는
한, 내용이란 더 이상 통용되지 않습니다
내용의 존재는 마치 옷처럼 그를
조용히 벗어납니다

저녁기도

지상의 거울인 하늘이
저녁마다 땅 위에 쏟아졌던
모든 어둠 거둬 가는
그 하늘이 벽들을 허물다 말고
문득 뒤돌아서서
옷자락의 하얀 두 손이 피어나는
창문마다 아니다 아니 한 방울의
피를 주고 간다
손에 상처를 입은 채

국수와 빗줄기

숙이 매일 국수를 삶는 동안
수는 비를 멈출 수가 없어
주욱 주욱 하루 종일 내렸어
수가 태양의 얼굴에 카악 카악
가래침을 뱉고

숙은, 빗줄기로 국수를 삶았어

수에게 국수를 주는 게 아니었어
그냥 빗줄기로 빗질이나 하고
쇼핑이나 해야 했어
내 손은 마치 물을 머금은
스펀지 뭉치 같았어
수가 국수를 젓가락에 감아 올려도
빗소리 멈추지 않았어
숙은 빗물 머금은 창문처럼 앞치마가
흥건했어 국수 속에 잠긴 나무
젓가락 한 쌍처럼

당신이 국수를 먹는 동안 나는
비를 멈출 수 있었어

해설

사물의 존재 방식

남기택
문학평론가, 강원대 교수

1.

사물事物은 일과 물건이라는 축자적 의미 외에도 물질세계에 있는 개별적이고 구체적인 존재를 통칭하는 개념이다. 인간 의식 외부의 객관적 실재를 구성하는 사물은 저마다 존재 의미를 지닐 것이다. 하지만 그 스스로는 의미를 묻지 않는다. 하이데거가 다른 존재와 달리 인간을 현존재로 구분한 이유가 여기에 있다. 현존재로서의 인간은 모든 존재자의 의미를 성찰한다. 현존재의 본질이 실존에 있다는 비유가 가능하다면, 실존이란 존재 의미를 따지는 태도요 그 대상은 인간을 포함한 모든 사물로 확장된다. 인간 사유의 피할 수 없는 본성이기도 하다.

존재 의미를 향한 다양한 태도 중에서 가장 고도화된 언어 기술로 시작詩作을 들 수 있다. 사유를 매개하는 기제는 언어이고, 문학은 언어를 도구로 한 예술이다. 그중에서도 시는 가장 경제적이며 잉여적인 장르라는 속성을 지닌다. 권정수가 네 번째 시집으로 펴낸 『백장미의 날개의 날개』(2025) 역시 이 지점에 착목한다. 많은 시편들이 사물에 내재된 존재의 비의를 드러내기 위한 포즈를 취하고 있다.

> 습지 한 가장자리에 활동하는
> 존재 한 그루 있네
> 그 어깨에는 이리저리 움직이는
> 힘이 걸려 있고
> 땅을 파는지 두 팔은 낯선
> 곳으로 뻗어 있네
> 몸에는 잎이 나지 않고 뿌리는
> 흰 수염으로 넓게 뻗어 있고
> 머리의 평화는
> 나뭇잎을 흔들 것 같지 않네
>
> 자연이 그 과실에 이의를
> 제기할 때까지
> 저 스스로의 무거운 짐을
> 지고 있네
>
> ―「존재 한 그루」 전문

    이 작품은 아예 표제로부터 '존재'를 내세운다. 화자는 존재를 대상화하여 '한 그루'라는 단위로 헤아린다. 소재가 된 존재의 원관념이 나무인 셈인데, "습지 한 가장자리에 활동하는" 그 나무는 "저 스스로의 무거운 짐"을 떠안은 형국이다. 거창할 듯한 운명의 무게는 남다를 것 없다. 어깨에 걸린 힘, 뻗은 두 팔, 미끈한 몸과 흰 수염의 뿌리, 평온한 머리 등으로 비유된 기관들, 즉 유기체를 구성하는 세포의 작동 자체가 자신에게 부과된 무게에 비견된다. 요컨대 「존재 한 그루」는 나무의 운명이 곧 실존의 책무라는 인식을 시적 상징으로 구조화한 작품이다.

권정수 시 세계에서 나무는 존재의 양태를 변주하는 대상으로 종종 소환되어 왔다. 이번 시집에서도 "D컵이 달린 무화과나무"(「D컵」), "불쌍한 물구나무 한 그루"(「커피를 내리는 나무」), "노래하는 저 나무"(「봄의 멜로디」), "포도나무는 걸어간다"(「포도나무의 시간」), "나무에 매달고 있어요"(「백지 편지」), "내가 기르는 지상의 나무"(「잎새」) 등에서 나무를 전유하는 시선이 반복되고 있다. 이 나무들은 제각기 다른 정동으로 투사된 시인의 내면이자 존재의 양태에 해당된다.

　『백장미의 날개의 날개』에는 52편의 시가 4부로 나뉘어 배치되어 있다. 많은 분량이 아니지만, 내공의 언어로 촘촘히 조직된 작품들이 저마다 긴장을 유지한다. 자연과 일상, 지극한 내면과 구체적 장소성을 망라하는 시편들을 한두 주제로 일반화하기는 불가능해 보인다. 사물의 존재 지평이 시화되는 부류는 그중 두드러진 경향일 뿐이다. 그럼에도 이번 시집을 감상하는 주요 독법으로 각 작품들이 웅변하는 존재의 방식에 주목할 만하다. 나무를 위시하여 다양한 사물들이 변주하는 존재론에 대한 공감은 시적 언어가 전하는 감흥과 더불어 권정수 시를 읽는 또 다른 미덕일 수 있다.

2.

　권정수의 시 세계는 2008년 『시와문화』로부터 본격 출발한다. 「두견화」 외 5편으로 해당 잡지의 첫 번째 신인상을 수상하면서 등단 절차를 밟았다. 제도적으로 늦깎이 등단인 편인데, 그의 문학 활동은 이미 지역문단 내부에서 지속되고 있었다. 권정수 시는 출발 무렵부터 지역의 삶과 장소성에 천착하는 시 의식이 견고히 작동하였다. 등단작 중의 한 편에서도 "너의 손금에 내가 살아온 세상이 매달렸으니/ 서있는 자리라는 게 성큼 다가서는 용기"(「오십천이 우려낸 코스모스 꽃물」, 『시와문화』 2008년 겨울호)일 뿐이라는 상념을 접할 수 있다. 인근 지역의 대표적 장소 지표인 오십천을 바라보며 부박한 삶에 의미를 부여하는 구절이다. 이 작품은 수정을 거쳐 첫 시집에 수록되었다.

 등단 이후 꾸준한 시작 과정에서 『사물을 심은 나무』(2013), 『하늘까지 뻗은 나뭇가지』(2017), 『한 잎』(2019) 등의 시집이 상재되었다. 이 같은 전개 과정을 일별하더라도 앞에서 전제한 바와 같이 나무의 존재론으로 수렴되는 인식론적 지평은 전혀 새로운 입장이 아니다. 나무(『사물을 심은 나무』), 가지(『하늘까지 뻗은 나뭇가지』), 잎(『한 잎』) 등을 이어 장미(『백장미의 날개의 날개』)에 이르기까지 식물의 조직은 권정수 전체 시 세계를 관류하는 메인 모티프로 반복되어 왔다.

> 백열등 심지 아래서 안으로
> 무수히 겹쳐진 너를 손에서
> 놓을 수가 없다
> 마른 잎 하나하나가 너의 날개다
> 늦게 온 탓에 고통의 밤들이
> 빛나는 별빛으로
> 너의 피어남을 가로막았다
>
> 장미가 가시의 무장에서 벗어날 때
> 똑같은 생각에 당황한 나비들이

두 겹의 부채처럼 움직인다
너는 알아본다 그 안에 들어 있는
가느다란 나뭇가지를

책에서 눈을 떼지 못하는 나는
너의 틀 안에서
한결같고 심취해 있다

나를 네 안에 집어넣는 것도 너
—「백장미의 날개의 날개」 전문

「백장미의 날개의 날개」는 시집의 맨 앞을 장식하는 작품이면서 전체 표제로 사용되었다. 그런 만큼 외형만으로 상징적 의미를 지닌다. '백장미의 날개의 날개'라는 이중 속격의 어형도 낯설어 시적 긴장을 수반한다. 집중이 필요해 보이는데, 시적 정황상 백열등 아래에서 백장미를 손에 든 화자는 마른 잎들을 "너의 날개"로 명명한다. "늦게 온 탓"으로 개화가 막혔고, 이에 당황한 나비들의 날갯짓도 "두 겹의 부채처럼" 인식된다. 그 속에서 운동하는 "가느다란 나뭇가지"의 물성이 '너'의 시선에 포착된다. 날개의 존재가 또 다른 날개와 연동되고, 날개들의 환유 작용 속에 새로운 물성이 생성되는 형국이다. 후반부에 이르면 '나' 역시 "너의 틀" 속에 존재하는 장이 연출되며 시상은 마무리된다.

　지극한 상징으로 구조화된 만큼 '날개의 날개'라는 핵심 비유의 의미 맥락을 단정하기는 어렵다. 추론하자면 우선 이 이중의 날개 영역은 백장미 잎(날개, 1차 속격)과 나비 날갯짓(날개의 날개, 2차 속격)으로 대입될 수 있다. 나아가서 이중의 날개는 주변 사물은 물론 '나' 스스로가 투영되는 혼성의 장으로도 의미 영역이 확장된다. 이때 날개의 이중 속격 구조는 '날개 중의 날개, 날개의 본질'과 같이 심화된 내재성을 비유하는 수사일 수 있다. 이러한 장치는 해당 개념(날개)의 핵심 요소(날개의 날개)를 재지시하는 의미론적 패턴이기도 하다.

날개가 어떤 양상으로 수용되든 언어 구조가 지닌 수사적 효과는 인접된 사물의 존재론적 장을 감각케 하는 국면을 형성한다. 물론 시의 성패가 비의적 이미지의 나열만으로 결정될 없음은 물론이다. 그런 점에서 이 작품의 경우 '책'이라는 기제("책에서 눈을 떼지 못하는 나")가 주목된다. 책은 문자에 의한 의미 구성물, 즉 에크리튀르의 결정체이다. 책과 더불어 "너의 틀" 안에 몰입된 화자의 상태는 '사유-언어'와 함께하는 현존재의 실존 정황에 유비된다.

글쓰기 혹은 에크리튀르를 통해 현전을 감각하려는 권정수 시의 무의식은 이 작품 외에서도 발견된다. 말과 글에 대한 반성적 태도가 담긴 일종의 메타시학적 양상이라 할 수 있겠는데, 예컨대 "돈이라는 한 글자에/ 깊은 의미를 부여하지요"(「한 글자 인격체」), "얼음 여자가 말하노라/ 알몸 껴안고 눈물 지어 본 사람들은 다 안다"(「불타는 얼음 남자」), "내가 써 내려간 글 속에서/ 나는 더 외로워진다"(「내가 꺾은 한 송이」), "도구들의 시대"에 "나는 글쓰기를 원하고"(「숲속의 싸롱」) 등에서 그러한 입장을 엿볼 수 있다. 「백장미의 날개의 날개」에서는 식물 중 백장미 같은 순백의 종을 전경화한 이유도 남다르다. 가장 투명한 이 색은 종의 범주, 즉 사물의 경계가 무화되는 질감이기도 한 것이다. 강원도 동해시의 오래된 송정 마을에 정주하며 묵묵히 시력을 이어가고 있는 한 시인이 이렇듯 핍진하게 존재의 길을 묻는다.

> 일기장 속의 여자가 서둘러
> 밖으로 나간다
> 창문 앞에 있는 나는 존재의
> 안쪽에서 존재의 바깥쪽을 본다
> 바깥을 서둘러 나갈 수 없는
> 최상의 장소로부터 지나치게
> 맞은편에 있는 한 사람
> ―「창문 열린 그 일기장」 부분

 이 작품은 화자 스스로를 대상화하여 존재의 의미를 사유하고 있다. 여기에서도 '일기장'이라는 에크리튀르의 결정체가 실존 장소로 차용되었다. 일기장을 매개로 서정적 자아는 '나'와 '여자'로 분리된다. 지극한 사적 글쓰기의 장소에 자물쇠라는 커튼이 걸리고, 그 경계로부터 존재의 범주가 넘나드는 양상이다. 이때 안쪽과 바깥쪽의 구분은 무의미하다. 「창문 열린 그 일기장」은 존재 자체가 안과 밖의 동시성이며 소통의 과정이라는 점을 사인화된 세계를 통해 역설하고 있다. 권정수의 메타시학을 대표할 만한 작품이라 하겠다.

3.

 존재에 대한 성찰은 자아나 자연을 넘어 사물의 영역으로 확장된다. 권정수 작품 세계는 일찌감치 사물의 시학이라 할 만한 범주를 형성한 바 있다. 가령 첫 시집에는 "중심부에 먼곳에 대한 저항을 숨기네"라거나 "나뭇잎을 흔들 것 같지 않네"와 같은 사물의 감각(「사물을 심은 나무」, 『사물을 심은 나무』)이 부각되었다. 앞서 거론한 것처럼 나무의 존재론은 이번 시집을 관류하는 모티프이다. 그런 나무의 내성 속에 이미 사물과의 관계가 체현되어 있었다.

> 사물에는 두 얼굴이
> 존재한다
> 생존과 존재하지 않는 것
>
> 산다는 의미는
> 보지 못하는 사물에게
> 얼굴이 되는 것
>
> ―「사물의 얼굴」 부분

> 하루가 더 이상 사물들을
> 좁게 하루의 일에 매어두지
> 않는 시간이다
> 밤이 가까이 오고 있다
> 부드럽고 따뜻하게 불빛 앞으로
> 그때 모든 사물들은
> 시인을 생각한다
>
> ―「사물들의 꿈」 부분

이번 시집에서 사물의 운명으로 집중된 두 편의 작품이다. 「사물의 얼굴」은 존재의 두 차원을 단언한다. 바로 "생존과 존재하지 않는 것"이다. 화자는 존재의 의미를 "얼굴이 되는" 과정으로 묘사한다. 서로에게 얼굴로 현현할 수 있을 때 진정한 관계가 성립되는 것이다. 더불어 기쁨과 슬픔이 존재와 부재의 층위를 상징하는 정동으로 대비되고 있다. 단순하지만 부정될 수 없는 감각의 분류이다. 간결 직절한 사물의 존재론이라 할 만하다.
　「사물들의 꿈」은 나아가 시인의 역할을 전경화한다. 사물들에게는 "하루의 일에 매어 두지/ 않는 시간"이 있다. 밤이라는 시간이 그것인데, 개방의 조건이 열리면 사물들은 시인과의 조우를 꿈꾼다. 사물은 시인에 의해 또 다른 존재 범주를 생성할 수 있기 때문이다. 이러한 판단에는 가능성을 현실성으로 전환시키는 계기로서의 상상력, 세계를 조직하고 존재를 현현하는 도구로서의 언어 등에 대한 확고한 믿음이 전제되어 있다.
　위 작품들에서 표현된 사물의 존재 방식은 시인의 의도와 무관하게 다양한 의미를 파생한다. 존재의 두 차원, 이를테면 두 얼굴로 표현된 차원들은 사전적 해석으로는 존재와 부재를 가리킨다. 적멸 이후의 사물은 부재하는 대상일 것이다. 한편 존재론의 관점으로는 두 얼굴이 존재와 무無에 가깝다. 이때 현존의 대립 개념으로서 무는 존재가 드러나는 조건을 지시한다. 그런 입장에서 무는 적멸일 수 없다. 무가 있기에 현존이 가능하기 때문이다. 그 밖에 논리학 영역으로는 존재와 비존재가 두 얼굴에 해당된다. 여기서 비존재는 단순한 부재가 아니라 존재의 부정을 포괄한다. 어떤 대상에 대해 존재하지 않는다는 판단이 가능하다면 그 대상은 개념적으로 규정될 수 있다. 이로부터 우리가 일상 속의 비존재에 대해서 관심을 기울여야 하는 이유가 명백해진다. 「사물의 얼굴」과 「사물들의 꿈」은 그토록 다양한 사물의 의미 층위를 '얼굴'과 '생동'의 현현으로 암시하고자 한다.

> 얼어붙은 계곡은
> 아무것도 움직이지 않는다
> 시간도 미망도 잃어버렸다
> 제 몸을 던지며 가던
> 방향성만 서려 있을 뿐
> 간다는 것의 노래도
> 품지 않는다
> 헛되이, 헛되이 떨어진
> 긴긴 수고 대신
> 바람 소리만 쌩쌩 날아오른다
> 네 노래를 부르는 일이 그러했다
> ―「겨울 무릉계곡」 전문

『백장미의 날개의 날개』를 구성하는 사물의 존재론과 관련하여 빼놓을 수 없는 범주가 이른바 장소시학의 영역이다. 권정수 시의 특징으로 지역의 삶과 경험에 바탕한 핍진한 장소성 체현을 적시해야만 하는 것이다. 첫 시집부터 이번 시집에 이르기까지, 권정수 시 세계의 주요 화소로서 동해 지역의 다양한 장소와 로컬 히스토리가 전유되고 있다. 「겨울 무릉계곡」은 동해시의 랜드마크라 할 무릉계곡을 소재로 삼아 존재의 의미를 묻는다. 겨울이라는 시간적 배경은 적멸에 유비된다. 그 계절은 "아무것도 움직이지" 않고 "시간도 미망도" 부재하는 순간이다. 존재의 움직임을 지시하던 '방향성'만 각인된 그곳이 "바람 소리" 가득한 텅 빈 장소로 형상화되고 있다.

여기 담긴 처연한 감정이 엘레지에 그치는 것으로 보이지는 않는다. 그보다는 사물 본연의 정동에 관한 실재적 감각이 가깝다. 무릉계곡은 태백산맥 동단부에 위치한 해발 1,350여 미터의 두타산 초입 중 하나이다. 그곳의 겨울은 황량한 자연 본성으로 체감될 수밖에 없다. 화자가 "네 노래를 부르는 일"을 쓸쓸한 감각으로 마감하는 맥락 역시 인위를 감추고 자연의 물성에 공명하려는 태도를 드러낸다. 유사한 방식으로 무릉계곡이 기타 사물들과 관계하는 장소성은 "아기집들은 이 바위를 어미로/삼고 살았지요"(「무릉계곡 이끼바위」), "저녁이면 열차는 두타산을 어른다"(「동해의 발아래 가까이 앉아」) 등을 통해 변주되고 있다. 그 밖에 이번 시집에서 동해의 장소성에 착안한 작품으로는 수록순으로 「전천강 환생달」, 「저녁 바다 묵호」, 「묵호등대」 등이 대표적이다.

나는 눈 쌓인 이 얼음 골짜기
그만 눈 속에 묻혀 버렸나 봐
어디에 있는 거야
가도 가도 희디흰 천지 이
눈밭을 한 바퀴 돌고 나면
바퀴 달고 달려온 내 평생의 족적
(중략)

토끼 앞바퀴 같은 것을 굳이
발 없는 눈사람에게 달아서

굴러가게 할 필요는 없는데

산악자전거가 토끼 앞다리를
따라 해서 장애물을 넘는 거야
빨간 헬멧 쓰고 고속 페달 밟으며
지금 어느 산을 넘는 거야
—「빨간 헬멧 쓴 두타산 토끼」 부분

「빨간 헬멧 쓴 두타산 토끼」 역시 동해의 장소성을 통해 로컬 히스토리와 사물의 존재론을 다룬 작품이다. 앞서 예시했던 두타산과 무릉계곡이라는 공간, 겨울이라는 시간이 배경으로 반복된다. '헬멧'과 '토끼'처럼 이질적 소재의 결합은 짐짓 우화 같은 풍자를 환기하는 동시에 중층적 존재론을 암시하며 재미를 더한다. 시상을 따라가 보면, 전반부에서 겨울 두타산은 "내 평생의 족적"이 "희디흰 천지"에 묻힌 장소로 설정된다. 이어서 화자는 "어디에 있는 거야"를 되물으며 존재의 정체를 찾는다. 발화 주체는 서정적 자아일 수도 있고 의인화된 토끼일 수도 있다.

후반부에 이르러 토끼 앞다리처럼 장애물을 넘는 산악자전거가 등장한다. 헬멧과 바퀴라는 사물의 연원을 짐작케 하는 단서이다. 이를 통해 헬멧을 쓰고 페달을 밟으며 "어느 산을 넘는" 행위의 주체가 토끼이자 바이커로 중첩된 장면을 연상할 수 있다. 반복되는 의문문이 존재의 향방을 묻는 시구임은 자명하다. "거야"에 붙은 '-야'라는 종결어미는 의문과 추궁의 의미를 지닌다. 토끼인 '나'로부터 서정적 자아인 '나'로 변주되며 존재 전환의 방식을 묻는 구조이다. 이 비의적 성찰의 배경이 두타산이라는 대표적 장소인 점을 특기할 필요가 있다.

토끼 앞다리에서 산악자전거 바퀴로 이어지는 비약적 국면을 보완하기 위해 상호텍스트성의 관점을 참조할 필요가 있겠다. 위의 인용 부분에는 "발 없는 눈사람"이라는 존재가 불쑥 개입된다. 겨울이라는 배경을 고려하더라도 눈사람은 전후 시상과 동떨어진 화소이다. 그런데 이 눈사람의 바퀴라는 장치는 다른 작품에서 다시 등장한다. "발 없는 그는 시냇물로 달려가는/ 바퀴이고 강으로, 바다로/ 돌아다니는 바퀴"(「눈사람」)와 같이 눈사람이 바퀴로 정의되고 있는 것이다. 발은 이동의 수단이다. 눈사람에게는 발이 없으니 이동이 불가능하다. 이를 뒤집어 「눈사람」은 눈사람을 바퀴라고 명명한다. 바퀴는 이행의 도구인 동시에 순환의 단위이기도 하다. 눈사람이라는 사물이 이행의 존재 자체로 극화된 장면이다. 그렇게 보자면 「빨간 헬멧 쓴 두타산 토끼」의 나, 눈사람, 토끼 등은 모두 이행의 존재들이다. 이처럼 두타산의 물성 속에는 사물들이 존재한 흔적, 이행의 과정이 각인되어 있다.

4.

　지금까지 감상한 바와 같이 시집 『백장미의 날개의 날개』는 작정된 존재론적 성찰의 여정을 펼치고 있다. 그 같은 비의의 영역에 주목하는 이유가 있으리라 본다. 시인은 이 시집을 준비하면서 창작 역시 존재의 방향 전환의 장소임을 강조한 바 있다. 존재가 수행하는 방향 전환이란 게 무엇인가. 현존재의 실존 형태는 의지에 의해 수정될 수 있겠지만, 존재자의 운명은 주어진 조건을 따를 수밖에 없다. 사물의 차원에서 존재 방식은 선험적

형식이자 자신을 드러내는 사건인 시공時空으로 규정되는 것이다. 그럼에도 시인은 방향 전환의 존재를 희구한다.

아예 시어로 '방향 전환'을 명시한 경우도 있다. "땅 속에서 자양분을 길어 올려/ 열매를 맺게 하고 다시/ 방향을 틀어 땅으로 방향 전환을/ 이루어내는 저 드립커피"(「커피를 내리는 나무」) 같은 표현이 그것이다. 땅으로 역전된 듯한 커피나무의 모습을 '물구나무'의 운명에 비유한 이 작품은 상승과 하강의 분기점을 방향 전환으로 부른다. 그런 분기 혹은 단절로부터 온몸에 체현한 '피'와 '열매'가 파생된다. 이런 맥락에서 볼 때 전환된 방향이란 변증법적 지양의 역학과 다르지 않다.

> 잎새가 떨어진다
> 내 발자국이 잎새를
> 땅에 뒤섞어 넣는다
> 그것이 짓눌려 죽는다
> 그러나 잎새들이 내 어깨 위에
> 떨어지면 그것은 새의 날개
> 위에 떨어지는 것이다
> 잎새는 한 마리 새다
> 떨어지는 것처럼 보이는 그 새는
> 섬세한 여자의 움직임이다
> 그것은 나와 이어져 있고
> 나와 동등한 존재이며
> 내가 기르는 지상의 나무 중 하나다
>
> 결국 땅속에 묻히는 새처럼

생기 잃은 잎새들이 땅
속으로 돌아갈 동안

어떤 생의 바람이 지나가면서
존재 위에 가면 하나를 씌워 놓는다
왜냐하면 곧 봄이 가면을 벗겨 낼 테니
― 「잎새」 전문

「잎새」에는 권정수 시가 존재의 시학을 구성하는 주요 지표들이 골고루 배치되어 있다. 그렇기에 방향 전환의 메커니즘을 조망할 시적 모델로 들고자 한다. 위 시상의 전개 과정에서 어깨 위에 떨어진 잎새는 "새의 날개"가 된다. 새는 또한 "여자의 움직임"이고, "나무 중 하나"이다. 이들은 곧 "나와 동등한 존재"이기에 존재의 다양한 양태가 병치되는 국면으로 읽을 수 있다. 본질적으로 동일한 존재 양태를 위장하는 외형은 '가면'일 뿐이다. 그런 허식은 지속될 수 없다. 곧 도래할 '봄'이 가면을 벗길 것이기 때문이다.

환언하자면 존재를 가리는 가면의 허상은 봄의 출현으로 지양된다. 봄이라는 계절은 권정수 시에서 특별한 의미를 지닌다. 가령 「초록가면」에서는 "곧 새로운 봄이／ 가면을 벗길 테니까"와 같이 현현의 기제로서 봄이 재차 강조된다. 자연의 항상성은 "단 한 번도" 의심되지 않는다. 봄을 새색시로 꾸미는 「봄」은 5행 1연 구조로 이번 시집에서 가장 단순한 형태를 취한다. 극단의 형식이 그만큼의 여백과 잉여를 환기한다.

이처럼 「잎새」에 담긴 종요로운 존재의 지평에는 가면의 역설이 자리하고 있다. 가면이란 얼굴을 감추거나 꾸미기 위한 물건을 뜻한다. 실체는 가면 뒤의 얼굴이다. 가려진 얼굴은 존재의 소멸과 같다. 비유하자면 얼굴은 커뮤니티의 형태요 존재의 발현이다.(조르조 아감벤,『도래하는 공동체』, 2014) 권정수 시는 가면 속에 실재하는 존재의 얼굴을 소환한다. 순환하는 봄이 가면을 벗기고, 모든 존재들의 실체가 방향 전환을 통해 순환할 것을 믿는다.『백장미의 날개의 날개』라는 비교적 친절한 언어 구조의 시편들 속에 이처럼 웅숭깊은 사물의 존재 방식이 도사리고 있다.

권정수 시에 함의된 얼굴의 철학을 감상하면서 드는 의문도 분명하다. 그의 시편들이 역설하는 존재의 연관은 이 시대의 문학적 성찰이 함께 숙의해야 할 화두임이 분명하다. 문제는 그 드러남의 역학에 있다. 권정수 시편의 경우, 그것은 '봄'이 상징하는 자연 본연의 역능에 초점화되고 있는 듯하다. 전환과 순환은 자연의 본성과 같다. 또한 이를 재현하는 것은 시인이다. 그렇기에 사물은 시인의 즐거움과 회귀를 갈망하는 존재로 설정되어 있다.

나아가 독자는 수행적 차원을 요구해야 한다. 이 시대의 공동체를 향해 아렌트가『인간의 조건』(1996)에서 강조하는 지점도 '복수성(plurality)'이라는 현존재의 조건이었다. 복수성은 관계와 연대를 전제로 한다. 인간의 얼굴은 부족하고 취약하다. 따라서 '우리'가 '나'의 존재를 사회적 관계로 이끌어야 한다.(주디스 버틀러,『연대하는 신체들과 거리의 정치』, 2020) 권정수 시의 사유 방식에 버틀러를 대입하자면 존재의 방향 전환은 자신을 드러낼 권리, 즉 거리에 출현하는 수행적 과정을 수반해야 한다. 거리의 수행성(performativity)은 권정수 시에서 취약한 정동으로 보인다. 이는 동해시 인근의 장소 지표들이 주요한 시적 화소로 차용되는 맥락과 대비되는 형세이다.

   자연은 스스로 존재의 의미를 묻지 않는다. 자연에는 이유가 존재하지 않기에 그 자체로 연출의 공간이 될 수 없다. 결국 사회적 생산의 결과로 장소가 형성되듯이, 모든 사물은 화자의 출현을 통한 수행성 위에 존재 의미를 생성할 수 있지 않을까. 이 같은 반문은 권정수 시의 미래가 포함해야 할 사유 영역일지 모른다. 독자들은 그 잠재성을 믿는다. 적어도 시인을 아는 독자라면, 열악한 문학장과 실존적 조건 속에서 장소애의 사회적 실천을 방기하지 않았던 권정수 시의 진정성에 공감하는 독자라면 그럴 수밖에 없다. 수행을 동반한 사물의 존재론이 우리 문학의 미래를 개방하고 있다.